AF417751

El CTO
de código a liderazgo

Adán J. Zweig

El CTO

de código a liderazgo

ADÁN J. ZWEIG
EL CTO. DE CÓDIGO A LIDERAZGO
1° Edición. Milena Caserola, 2024 14 x
20 cm. 108 p.

ISBN 978-987-8253-61-9
1. Ensayo

Contacto con el autor:
https://www.linkedin.com/in/adanjz/

Edición:
Matías Reck

IMPRESO EN ARGENTINA

A mi esposa, Melody, quien ha sido mi compañera inquebrantable a lo largo de todas las aventuras que narro en estas páginas. En los altos y bajos, en cada caída y cada victoria, has sido mi sostén y mi luz. Tu amor, paciencia y apoyo incondicional han sido mi refugio y mi fuerza, permitiéndome perseguir mis sueños con la certeza de que siempre estarás a mi lado.

A mis hijos, Oliver y Benjamin, la razón por la que escribo este libro. No hay palabras que puedan expresar plenamente el amor y la esperanza que tengo por ambos. A través de estas páginas, busco dejarles un legado, una ventana a las luchas y triunfos que han marcado mi camino. Quiero que sepan que todo esfuerzo, todo sacrificio, ha sido por y para ustedes. Si en algún momento no puedo estar ahí para contarles estas historias en persona, espero que este libro sirva como un mapa de vida, mostrándoles quién es su papá y todo lo que he atravesado para llegar a donde estoy.

Este libro es para ustedes, con todo mi amor y la esperanza de que encuentren en él inspiración para seguir sus propios sueños, enfrentar sus desafíos con valentía y siempre recordar el valor de la perseverancia, la humildad y la pasión en el viaje de la vida.

Índice

INTRODUCCIÓN

Lo que me inspiró a escribir este libro es, en primer lugar, crear un momento, un recordatorio de mi vida profesional hasta ahora. Después de 18 años de trayectoria, siento que he alcanzado una "mayoría de edad" en mi carrera, un punto de inflexión donde es crucial mirar atrás y reflexionar sobre todo lo aprendido.

Este libro es una línea divisoria entre el "antes" y el "después" en mi vida profesional. Ahora, en esta nueva etapa, mi objetivo es aplicar todo lo aprendido, dar la vuelta a la rueda y empezar a aprender enseñando. A pesar de que aún hay muchas cosas que no sé, tengo la certeza de que puedo aportar mucho con lo que ya conozco.

Esta etapa es un cambio significativo, ya no se trata solo del aspecto económico o de ser un "desarrollador mercenario". Ahora, mi foco está en proyectos con impacto, en ayudar al planeta desde mi posición. Quiero que los lectores encuentren algo en este libro con lo que se identifiquen, que vean reflejadas sus propias experiencias en alguna parte de mi historia. Aunque soy joven y me quedan muchos años por delante, si puedo ayudar a alguien con mi experiencia, me haría feliz hacerlo.

Como CTO de una empresa de gran calibre como Volt Home, tengo la oportunidad de contribuir significativamente al crecimiento de las energías renovables. Con la ayuda de la inteligencia artificial, podemos cambiar la forma en la que vivimos y dejar una huella positiva en el planeta. Este libro no solo es una recopilación de mis experiencias y aprendizajes, sino también una manera de dejar un legado para quienes me siguen. Quiero inspirar a otros a ver el potencial que tienen para hacer una diferencia, tanto en sus propias vidas como en el mundo.

Bienvenidos a "El CTO: De Código a Liderazgo", un compendio de lecciones aprendidas, éxitos alcanzados y fracasos superados en el camino de transformarse de programador a líder tecnológico efectivo y visionario. Este libro nace de mi experiencia personal, de mis errores y aciertos, y está diseñado para ser el mentor que yo desearía haber tenido en mis inicios.

Mi viaje comenzó en la humilde pantalla de una Windows 3.1, aprendiendo lenguajes de programación de bajo nivel y avanzando a través de diversas etapas: programador junior, semi-senior, senior y finalmente CTO y fundador de varias startups. Entre ellas, una que hoy es la empresa de descuentos en viajes más grande de Latinoamérica.

El público de este libro es tan diverso como el espectro de la tecnología misma: desde el programador que sueña con ascender a roles de liderazgo, pasando por el fundador técnico que busca solidificar su posición como CTO, hasta el CTO actual que aspira a escalar nuevas alturas de liderazgo y gestión. Si estás en este camino, este libro es para ti.

Este libro adopta un enfoque mixto: formal en su estructura, con el rigor necesario para tratar temas de liderazgo tecnológico y gestión de equipos; pero amigable y accesible, como si estuviera compartiendo contigo mis experiencias frente a un café. A través de mis historias, espero no solo enseñarte a evitar los errores que yo cometí, sino también a inspirarte a tomar las decisiones correctas en momentos cruciales.

No encontrarás aquí una fórmula mágica para el éxito, ni recetas infalibles. Lo que sí encontrarás son relatos auténticos de lo que significa liderar en el vertiginoso mundo de la tecnología, consejos prácticos sobre cómo navegar los desafíos únicos de este rol, y estrategias para fortalecer tus habilidades de liderazgo.

Te invito a acompañarme en este viaje, no solo como observador, sino como participante activo. Cada capítulo te desafiará a reflexionar sobre tu propio camino, tus decisiones y cómo puedes aplicar estas lecciones a tu realidad. Al final de este libro, mi mayor deseo es que te sientas equipado y motivado para dar ese siguiente paso con confianza: convertirte en un CTO con más fortalezas que debilidades, listo para liderar no solo con tu mente, sino con tu corazón.

Es hora de dar el siguiente paso. Bienvenido al camino de "El CTO".

1

FUNDAMENTOS DE PROGRAMACIÓN: LA BASE DE TODO CTO

Mi viaje hacia convertirme en CTO comenzó mucho antes de que supiera qué significaba ser un líder tecnológico. A los 8 años, mientras la mayoría de los niños de mi edad estaban descubriendo los videojuegos desde el mando de una consola. Yo estaba fascinado por el mundo detrás de la pantalla, ese universo contenido dentro de los comandos del MS-DOS.

Mi hermano Álvaro, quien por entonces estaba apenas rozando la adolescencia, fue mi primer maestro en este mundo. Fue él quien me introdujo al concepto de los archivos ejecutables y cómo funcionaban.

Esta curiosidad me llevó a experimentar con la programación en DOS, creando pequeños programas que, aunque simples, requerían de la interacción del usuario para poder regresar al escritorio de Windows. Eran mis primeros pasos en la programación, jugando a ser el guardián de la computadora familiar con mis creaciones.

La curiosidad no se detuvo ahí. Me impulsó a explorar más allá de lo que mi hermano me enseñaba, a leer y entender el código por mi cuenta. Esta autodidacta aventura me llevó a participar en competencias como el concurso Project Hoshimi, donde, junto a mi amigo Dave y sin conocimiento previo del lenguaje de programación C#, nos lanzamos al desafío.

Teníamos conocimientos previos de otros lenguajes de programación así que fuimos aprendiendo sobre la marcha, comprendiendo que, más allá de la sintaxis específica de un lenguaje, lo que realmente importa es la lógica y la estructura detrás del código. Esta comprensión se convirtió en una piedra angular de mi enfoque hacia la programación y, eventualmente, hacia el liderazgo tecnológico.

Desde mis primeros años, mi fascinación por la programación me llevó a explorar varios lenguajes antes de iniciar mi vida laboral formal. Entre ellos se encontraban Basic, Visual Basic y PHP. Estos primeros acercamientos no solo me ayudaron a entender los conceptos básicos de la programación, sino que también encendieron una pasión que definiría mi carrera.

Mi tiempo en la escuela técnica fue decisivo para cimentar mi amor por la informática. Esta institución ofrecía la opción de elegir una especialidad para los últimos tres años y, desde que ingresé, sabía que quería seguir el camino de la informática. La elección de esta especialidad no fue casual; desde el primer día, me sentí atraído por la lógica y la estructura que la programación ofrecía.

Durante esos años, las materias específicas relacionadas con la informática eran mis favoritas, y destacaba particularmente en ellas. Una de las materias que más disfruté fue la de Estructuras, donde realmente comprendí la importancia de los bucles y otras estructuras de control. Estas clases me proporcionaron una comprensión más profunda de cómo los programas operan a nivel fundamental.

Uno de los recuerdos más vívidos que tengo de mi tiempo en la escuela técnica es de un examen de programación que nos hicieron realizar con papel y lápiz. Al principio, la idea de programar sin una computadora me parecía absurda y frustrante. Sin embargo, esta experiencia me enseñó una lección invaluable: la programación no se trata solo de escribir un código que compile, sino de entender y diseñar la lógica detrás de cada programa. El ejercicio de escribir el código a mano me obligó a concentrarme en el problema que quería resolver y a pensar en la estructura y lógica del programa sin distracciones.

Este enfoque en la lógica sobre la sintaxis me dejó una impresión duradera y reforzó mi amor por la programación.

Otra parte significativa de mi formación en la escuela técnica fueron los proyectos que desarrollé con mi amigo Dave. Pasábamos horas trabajando en Macromedia Flash, creando juegos y otras aplicaciones. Nuestros profesores, lejos de limitar nuestra creatividad, nos alentaban a explorar y experimentar. Esta libertad para investigar y crear nos permitió aprender mucho más allá del currículo estándar.

Recuerdo particularmente varios proyectos que sobresalieron por su complejidad y creatividad. Uno de ellos fue el desarrollo de una calculadora científica cuando el ejercicio original solo requería una calculadora básica. Otro proyecto fue el de los ascensores: mientras que la tarea estándar era programar un único ascensor, Dave y yo diseñamos un sistema de semáforos para coordinar múltiples ascensores, asegurando que siempre hubiera uno disponible para cada piso de manera eficiente. También trabajamos en un proyecto de cine, una ticketera de cine donde los usuarios debían ocupar los asientos disponibles, trabajando con listas para ver si había espacio en la fila deseada. A este proyecto le agregamos un media player para ver una película después de seleccionar los asientos.

Además de nuestros propios proyectos, Dave y yo ayudábamos a muchos de nuestros compañeros con sus tareas. Esta colaboración no solo reforzó nuestro propio conocimiento, sino que también fomentó un sentido de comunidad y apoyo mutuo en nuestro grupo de estudio. Siempre estábamos un paso adelante, buscando formas de mejorar y hacer más con cada proyecto.

El proyecto final de la escuela técnica fue un verdadero desafío y una oportunidad para aplicar todo lo que había aprendido. Tenía la opción de elegir entre desarrollar un producto para un miembro de la familia o para una empresa, y opté por trabajar con el departamento de física de mi escuela. Creé una aplicación utilizando un motor 3D para simular un prisma de reflexión de luz. Esta herramienta permitía a los alumnos aprender sobre los colores y las diferentes radiaciones de una manera interactiva y visualmente atractiva. Este proyecto no solo fue técnicamente desafiante, sino también increíblemente gratificante, ya que combinaba mi pasión por la programación con la oportunidad de contribuir a la educación de otros estudiantes.

Convertirse en CTO no se trata solo de dominar un stack tecnológico específico o de convertirse en el mejor programador del mundo. Se trata de adoptar una mentalidad que valora la adaptabilidad, el aprendizaje continuo y la capacidad de ver más allá del código para entender cómo la tecnología se alinea con la visión y objetivos de la empresa. He aprendido que ser líder tecnológico significa hacer las preguntas correctas, no solo sobre qué tecnología usar, sino también sobre cómo esta decisión impacta en el proyecto en su conjunto. ¿Es esta la mejor elección para el equipo o para el proyecto? ¿Estoy tomando esta decisión basado en mis preferencias personales o en lo que es mejor para el objetivo que buscamos alcanzar?

Mantenerse actualizado en el mundo tecnológico es otro aspecto crucial. La exploración y el job jumping en los primeros años de carrera pueden ser herramientas valiosas para descubrir qué tipo de desarrollador o líder tecnológico quieres ser. Mirar hacia los recién llegados, entender qué están aprendiendo y cómo esto afecta el mercado tecnológico puede ofrecer pistas importantes sobre hacia dónde dirigir tus esfuerzos de aprendizaje.

Mirando hacia atrás, mis años en la escuela técnica fueron fundamentales para mi desarrollo como programador y como líder tecnológico. Las lecciones que aprendí, tanto en términos de habilidades técnicas como de creatividad y colaboración, cimentaron mi camino hacia mi futuro rol como CTO.

Estas experiencias no solo me enseñaron a programar, sino también a pensar críticamente, a resolver problemas de manera innovadora y a trabajar en equipo. Fue durante estos años que realmente descubrí mi pasión por la tecnología y mi deseo de utilizarla para crear soluciones significativas y efectivas.

2

EL VIAJE DEL EMPRENDIMIENTO: PRIMEROS PASOS

El viaje hacia el emprendimiento comenzó de manera inesperada y rápidamente se convirtió en una montaña rusa de emociones, aprendizajes y desafíos.

Todo inició después del trabajo, cuando un compañero de una comunidad donde ejercía un liderazgo no formal se me acercó con una propuesta intrigante: reunirme con dos personas que tenían una idea interesante. Aquella reunión marcó mi primer paso hacia la creación de una startup de descuentos, un proyecto que se convertiría en mi entrada al mundo del emprendimiento.

La reunión inicial se dio en una heladería, donde mi amigo Julian me presentó a Andres y Martin, los ideadores de una idea que tenía el potencial de revolucionar el mercado de descuentos en línea. Era el año 2010, y muchas startups estaban naciendo y explotando, lo que hacía que la perspectiva de hacer dinero rápido fuera irresistible para cualquier joven de 20 años. La propuesta de Andres y Martin me atrapó desde el primer momento: una distribución equitativa del 25% para cada uno y el compromiso de comenzar de inmediato. Decidimos arrancar ese mismo día, comenzando con una tormenta de ideas para el nombre de nuestra startup. La motivación de ganar dinero rápidamente y la posibilidad de formar parte de la ola de startups en línea que surgía por todas partes eran motivos más que suficientes para lanzarnos a la aventura.

Nos reuníamos todos los días para trabajar, principalmente en la sala de estar de la casa de mis padres, aunque también utilizamos la casa de los padres de Julian en algunas ocasiones. Las reuniones constantes eran fundamentales para mantener el impulso y el enfoque, aunque Andres rara vez se unía a nosotros, limitándose a reuniones esporádicas de una hora por semana. La dinámica del equipo era una mezcla de entusiasmo y retos logísticos. A pesar de que éramos cuatro socios, la realidad era que Julian y yo llevábamos el peso del trabajo diario. Martin también se unía a las reuniones ocasionales, pero no con la regularidad que necesitábamos. Esta situación me enseñó desde el principio la importancia de la dedicación y la constancia en cualquier emprendimiento.

El entusiasmo inicial se mantuvo fuerte hasta el día en que nos llevaron a firmar la sociedad. Firmamos la sociedad después de generar nuestras primeras facturas, un movimiento estratégico para asegurarnos de que la empresa tenía potencial de ingresos antes de formalizar los papeles. Sin embargo, el día de la firma se convirtió en un punto de inflexión para mí. Al revisar los documentos, noté que el porcentaje que me correspondía había sido alterado, algo que no esperábamos ni habíamos discutido. Este incidente fue un golpe duro, pero también una lección invaluable sobre la importancia de la transparencia y la confianza en las relaciones de negocios.

Uno de los momentos clave en nuestro desarrollo fue la capacidad de equivocarnos rápido y aprender aún más rápido. Las noches se volvían días mientras realizábamos lanzamientos de nuevas versiones (releases) a las 2 de la mañana. En esos tiempos, las subidas a producción eran manuales, utilizando FTP para cargar archivos. La cantidad de veces que corregí todo el código son incontables, pero cada error era una oportunidad para aprender y mejorar nuestros procesos. Recuerdo especialmente una ocasión en la que nuestro primer empleado, Eugenio, borró accidentalmente toda la base de datos de todos los descuentos. Fueron dos días caóticos, buscando backups y llenando la data nuevamente. Utilizamos herramientas como Wayback Machine para recuperar los cupones previos y restaurar la información perdida. Fue un desafío enorme, pero también una lección invaluable sobre la importancia de tener sistemas de respaldo robustos y procedimientos de recuperación claros.

En términos de desarrollo, nos mantuvimos enfocados en nuestro objetivo inicial hasta alcanzar el Product Market Fit. No hubo grandes cambios ni ejes significativos durante el primer año y medio, lo que nos permitió afinar nuestro modelo de negocio y entender mejor el mercado. Sin embargo, con el tiempo, el mercado de cupones comenzó a declinar y notamos que las compras de turismo estaban en auge. Por ello, decidimos entonces pivotar hacia un sitio específico de viajes, lo que resultó ser una decisión acertada que permitió a la empresa seguir creciendo. Este pivot fue un momento crucial en nuestra historia, demostrando nuestra capacidad para adaptarnos a las cambiantes condiciones del mercado.

Ser jefe a los 20 años de personas que me doblaban en edad fue otro desafío significativo. La diferencia de edad y experiencia requería un equilibrio delicado entre liderazgo y humildad. Aprendí a escuchar más y a liderar con el ejemplo, mostrando que la edad no define la capacidad de liderar y tomar decisiones importantes. A pesar de mi juventud y relativa inexperiencia, desarrollé un motor de rastreo que, en sus inicios básicos de aprendizaje automático, era capaz de leer páginas web automáticamente para identificar la información necesaria. Este sistema, pionero en su momento, sigue operativo trece años después, un testamento a la innovación y el espíritu emprendedor de nuestro equipo.

La relación entre los socios comenzó a desgastarse, lo que nos llevó a una segunda enseñanza crucial: la importancia de elegir bien a los socios.

La confianza es fundamental; sin ella, la empresa está destinada a enfrentar serios desafíos.

Me gusta comparar la relación de socios con un matrimonio: habrá momentos buenos y malos, pero si la base es sólida, la relación puede prosperar.

Lamentablemente, no estábamos todos en la misma línea, hubo problemas para definir cuál era el porcentaje que cada socio debía o "se merecía" recibir. Generalmente este es el principal problema entre socios, es muy difícil crear una startup con amigos y desde el primer día hablar de dinero que no existe, pero es lo fundamental para mantener relaciones.

Este capítulo de mi vida, lleno de aprendizajes, éxitos y también de tensiones, estableció las bases de mi comprensión sobre el emprendimiento y el rol vital que juega la tecnología en el éxito de cualquier startup. Pero más allá de la tecnología, me enseñó sobre la importancia de las relaciones humanas, la selección de socios y la visión compartida para el futuro de la empresa. Estas lecciones serían fundamentales en mi desarrollo como líder tecnológico y como persona.

Ser CTO a tan temprana edad fue una experiencia increíblemente valiosa. Aprendí a liderar un equipo, a tomar decisiones críticas bajo presión y a enfrentar desafíos técnicos y logísticos con creatividad y determinación. La idea funcionaba y el éxito inicial nos demostró que estábamos en el camino correcto.

Mirando hacia atrás, una de las mayores lecciones que aprendí durante mi experiencia emprendedora fue la importancia fundamental de la dedicación y el compromiso inquebrantable. A pesar de los numerosos desafíos y contratiempos que enfrenté en el camino, la experiencia de construir algo desde cero, desde la concepción inicial de la idea hasta verla crecer y desarrollarse en un negocio viable, fue extremadamente gratificante y enriquecedora a nivel personal y profesional.

Durante este proceso, también aprendí la importancia crucial de elegir cuidadosamente a los socios, aquellos que compartan la misma visión, valores y ética de trabajo. Encontrar personas con habilidades complementarias y una mentalidad similar resultó ser un factor clave para el éxito de nuestro emprendimiento. Además, mantener siempre una comunicación abierta, transparente y honesta con todos los miembros del equipo fue esencial para evitar malentendidos, resolver conflictos de manera efectiva y asegurar la cohesión y el buen funcionamiento del grupo a largo plazo.

Esta experiencia también me enseñó la importancia de la perseverancia y la resiliencia frente a los obstáculos. Hubo momentos en los que parecía que todo estaba en contra, pero mantener la fe en nuestra visión y continuar trabajando duro, a pesar de las adversidades, nos permitió superar los desafíos y alcanzar nuestras metas. Aprendí que el éxito no se logra de la noche a la mañana, sino que requiere un esfuerzo constante, paciencia y la capacidad de adaptarse a los cambios y aprender de los errores.

3

APRENDIENDO

El viaje hacia el emprendimiento comenzó de manera inesperada y rápidamente se convirtió en una montaña rusa de emociones, aprendizajes y desafíos.

Todo inició después del trabajo, cuando un compañero de una comunidad donde ejercía un liderazgo no formal se me acercó con una propuesta intrigante: reunirme con dos personas que tenían una idea interesante. Aquella reunión marcó mi primer paso hacia la creación de una startup de descuentos, un proyecto que se convertiría en mi entrada al mundo del emprendimiento.

La reunión inicial se dio en una heladería, donde mi amigo Julian me presentó a Andres y Martin, los ideadores de una idea que tenía el potencial de revolucionar el mercado de descuentos en línea. Era el año 2010, y muchas startups estaban naciendo y explotando, lo que hacía que la perspectiva de hacer dinero rápido fuera irresistible para cualquier joven de 20 años. La propuesta de Andres y Martin me atrapó desde el primer momento: una distribución equitativa del 25% para cada uno y el compromiso de comenzar de inmediato. Decidimos arrancar ese mismo día, comenzando con una tormenta de ideas para el nombre de nuestra startup. La motivación de ganar dinero rápidamente y la posibilidad de formar parte de la ola de startups en línea que surgía por todas partes eran motivos más que suficientes para lanzarnos a la aventura.

Nos reuníamos todos los días para trabajar, principalmente en la sala de estar de la casa de mis padres, aunque también utilizamos la casa de los padres de Julian en algunas ocasiones. Las reuniones constantes eran fundamentales para mantener el impulso y el enfoque, aunque Andres rara vez se unía a nosotros, limitándose a reuniones esporádicas de una hora por semana. La dinámica del equipo era una mezcla de entusiasmo y retos logísticos. A pesar de que éramos cuatro socios, la realidad era que Julian y yo llevábamos el peso del trabajo diario. Martin también se unía a las reuniones ocasionales, pero no con la regularidad que necesitábamos. Esta situación me enseñó desde el principio la importancia de la dedicación y la constancia en cualquier emprendimiento.

El entusiasmo inicial se mantuvo fuerte hasta el día en que nos llevaron a firmar la sociedad. Firmamos la sociedad después de generar nuestras primeras facturas, un movimiento estratégico para asegurarnos de que la empresa tenía potencial de ingresos antes de formalizar los papeles. Sin embargo, el día de la firma se convirtió en un punto de inflexión para mí. Al revisar los documentos, noté que el porcentaje que me correspondía había sido alterado, algo que no esperábamos ni habíamos discutido. Este incidente fue un golpe duro, pero también una lección invaluable sobre la importancia de la transparencia y la confianza en las relaciones de negocios.

Uno de los momentos clave en nuestro desarrollo fue la capacidad de equivocarnos rápido y aprender aún más rápido. Las noches se volvían días mientras realizábamos lanzamientos de nuevas versiones (releases) a las 2 de la mañana. En esos tiempos, las subidas a producción eran manuales, utilizando FTP para cargar archivos. La cantidad de veces que corregí todo el código son incontables, pero cada error era una oportunidad para aprender y mejorar nuestros procesos. Recuerdo especialmente una ocasión en la que nuestro primer empleado, Eugenio, borró accidentalmente toda la base de datos de todos los descuentos. Fueron dos días caóticos, buscando backups y llenando la data nuevamente. Utilizamos herramientas como Wayback Machine para recuperar los cupones previos y restaurar la información perdida. Fue un desafío enorme, pero también una lección invaluable sobre la importancia de tener sistemas de respaldo robustos y procedimientos de recuperación claros.

En términos de desarrollo, nos mantuvimos enfocados en nuestro objetivo inicial hasta alcanzar el Product Market Fit. No hubo grandes cambios ni ejes significativos durante el primer año y medio, lo que nos permitió afinar nuestro modelo de negocio y entender mejor el mercado. Sin embargo, con el tiempo, el mercado de cupones comenzó a declinar y notamos que las compras de turismo estaban en auge. Por ello, decidimos entonces pivotar hacia un sitio específico de viajes, lo que resultó ser una decisión acertada que permitió a la empresa seguir creciendo. Este pivot fue un momento crucial en nuestra historia, demostrando nuestra capacidad para adaptarnos a las cambiantes condiciones del mercado.

Ser jefe a los 20 años de personas que me doblaban en edad fue otro desafío significativo. La diferencia de edad y experiencia requería un equilibrio delicado entre liderazgo y humildad. Aprendí a escuchar más y a liderar con el ejemplo, mostrando que la edad no define la capacidad de liderar y tomar decisiones importantes. A pesar de mi juventud y relativa inexperiencia, desarrollé un motor de rastreo que, en sus inicios básicos de aprendizaje automático, era capaz de leer páginas web automáticamente para identificar la información necesaria. Este sistema, pionero en su momento, sigue operativo trece años después, un testamento a la innovación y el espíritu emprendedor de nuestro equipo.

La relación entre los socios comenzó a desgastarse, lo que nos llevó a una segunda enseñanza crucial: la importancia de elegir bien a los socios.

La confianza es fundamental; sin ella, la empresa está destinada a enfrentar serios desafíos.

Me gusta comparar la relación de socios con un matrimonio: habrá momentos buenos y malos, pero si la base es sólida, la relación puede prosperar.

Lamentablemente, no estábamos todos en la misma línea, hubo problemas para definir cuál era el porcentaje que cada socio debía o "se merecía" recibir. Generalmente este es el principal problema entre socios, es muy difícil crear una startup con amigos y desde el primer día hablar de dinero que no existe, pero es lo fundamental para mantener relaciones.

Este capítulo de mi vida, lleno de aprendizajes, éxitos y también de tensiones, estableció las bases de mi comprensión sobre el emprendimiento y el rol vital que juega la tecnología en el éxito de cualquier startup. Pero más allá de la tecnología, me enseñó sobre la importancia de las relaciones humanas, la selección de socios y la visión compartida para el futuro de la empresa. Estas lecciones serían fundamentales en mi desarrollo como líder tecnológico y como persona.

Ser CTO a tan temprana edad fue una experiencia increíblemente valiosa. Aprendí a liderar un equipo, a tomar decisiones críticas bajo presión y a enfrentar desafíos técnicos y logísticos con creatividad y determinación. La idea funcionaba y el éxito inicial nos demostró que estábamos en el camino correcto.

Mirando hacia atrás, una de las mayores lecciones que aprendí durante mi experiencia emprendedora fue la importancia fundamental de la dedicación y el compromiso inquebrantable. A pesar de los numerosos desafíos y contratiempos que enfrenté en el camino, la experiencia de construir algo desde cero, desde la concepción inicial de la idea hasta verla crecer y desarrollarse en un negocio viable, fue extremadamente gratificante y enriquecedora a nivel personal y profesional.

Durante este proceso, también aprendí la importancia crucial de elegir cuidadosamente a los socios, aquellos que compartan la misma visión, valores y ética de trabajo. Encontrar personas con habilidades complementarias y una mentalidad similar resultó ser un factor clave para el éxito de nuestro emprendimiento. Además, mantener siempre una comunicación abierta, transparente y honesta con todos los miembros del equipo fue esencial para evitar malentendidos, resolver conflictos de manera efectiva y asegurar la cohesión y el buen funcionamiento del grupo a largo plazo.

Esta experiencia también me enseñó la importancia de la perseverancia y la resiliencia frente a los obstáculos. Hubo momentos en los que parecía que todo estaba en contra, pero mantener la fe en nuestra visión y continuar trabajando duro, a pesar de las adversidades, nos permitió superar los desafíos y alcanzar nuestras metas. Aprendí que el éxito no se logra de la noche a la mañana, sino que requiere un esfuerzo constante, paciencia y la capacidad de adaptarse a los cambios y aprender de los errores.

4

NAVEGANDO POR EL MUNDO CORPORATIVO

Después de la montaña rusa emocional y profesional que fue mi primera gran aventura emprendedora, me encontré sediento de nuevos aprendizajes y experiencias. Esta búsqueda me llevó a FOX, un gigante del entretenimiento, donde tendría la oportunidad de trabajar en proyectos que combinaban mi pasión por la tecnología con mi amor por el cine y las series.

La puerta a FOX se abrió gracias a Juan, un amigo de mi hermano Álvaro, quien me conectó con una empresa que subcontrataba desarrolladores para proyectos internacionales. Esto arrancó como un puesto freelance donde podía manejar mis horarios y trabajar desde cualquier lugar. Mi primer desafío fue desarrollar un plugin en JavaScript para integrar Hulu y FOX, un proyecto ambicioso que prometía cambiar la forma en que se consumían los contenidos de ambas plataformas. Aunque JavaScript no era mi área de mayor desenvolvimiento en ese momento, la oportunidad era demasiado buena para dejarla pasar.

El proyecto requería comprender a fondo la documentación de Hulu, traducirla a especificaciones técnicas y asegurar que los reproductores de video de Hulu pudieran mostrar las series de FOX con logos y anuncios específicos. Fue un reto que exigió que me pusiera al día rápidamente con nuevas tecnologías y estándares de la industria del entretenimiento. Me recuerdo inmerso en documentos técnicos, noches largas y constantes reuniones con equipos distribuidos por diferentes zonas horarias. La intensidad del proyecto fue enorme, pero también me proporcionó una invaluable experiencia en la integración de plataformas de streaming.

Sin embargo, justo cuando la demostración estaba a punto de completarse, el proyecto se canceló debido a que la adquisición de Hulu por parte de FOX no se concretó. De repente, me encontré en el limbo corporativo, un territorio familiar para muchos freelancers, donde el futuro es incierto y la espera parece eterna. Después de varias semanas en esta situación, se me ofreció la oportunidad de cambiar de rol y convertirme en QA (Quality Assurance), un giro inesperado en mi carrera que me llevaría a Los Ángeles, California.

Recuerdo claramente el momento en que me dijeron: "Bueno, viajas la semana que viene, pásame tu pasaporte así te compramos el pasaje". Fue un momento impactante donde tuve que armar la valija e irme solo a trabajar al exterior. Aunque me encantó la idea, estaba lleno de miedos. Recuerdo bajar del avión y decirme: "Bueno, aquí estoy, ¿y ahora?" Llegar a la oficina fue una experiencia sorprendente: desayunos los viernes, comida en la heladera, una empresa que realmente tenía en cuenta a sus empleados. No había reloj de marcaje, nadie controlaba tus horas; podías relajarte en las salas de descanso. Veía gente famosa pasar por los edificios, ya que estaba en el piso de FOX Sports, aunque, no siendo fanático del deporte, reconocí a muy pocos.

De una semana para la otra, la empresa me compró el ticket de avión y me pagaron el Uber para ir a una casa alquilada por ellos en Santa Mónica, con salida privada a la playa. En mi casita de playa de seis habitaciones convivía con un grupo de programadores de países muy diversos: un filipino, un polaco, un portugués y un brasileño. Esta experiencia multicultural fue en sí misma un aprendizaje, ya que cada uno de nosotros traía diferentes enfoques y soluciones a los problemas que enfrentábamos. Vivir con otros programadores me abrió la mente al típico "no estamos solos"; hay otros programadores igual de capaces o mejores que yo. Aumentó mi humildad y me enseñó a valorar la diversidad cultural: diferentes comidas, ritmos de vida y formas de trabajar.

Mi tarea específica parecía sencilla pero fascinante: ver series de FOX y asegurar que los anuncios se insertaran en los momentos correctos. Tuve la oportunidad de ver Los Simpsons desde la temporada 1 a la 20 capítulo tras capítulo mientras estaba acostado en una reposera en la arena, ¡y me pagaban por ello! Esta tarea, aunque inicialmente idílica para cualquier cinéfilo, pronto despertó mi espíritu curioso e innovador. Comencé a desarrollar automatizaciones, creando un bot que podía detectar errores con mayor rapidez y precisión que cualquier equipo humano. Este bot no solo me permitió disfrutar aún más de mi pasatiempo, sino que también transformó mi rol dentro de la empresa.

El bot de automatización vino a mi mente un día mientras realizaba las pruebas de una serie que no me interesaba mucho, pero que igual tenía que testear. Pensé: "¿Cómo hago para acelerar el proceso y no perder más tiempo?" Siempre teniendo en cuenta que, una vez terminada la etapa de QA de la web, había que seguir con los demás dispositivos: apps para tablet, celulares y smart TV devices (Roku, Apple TV). Dije: "Tiene que haber una mejor forma". Recordando que era 2015, estos procesos no existían hasta el momento. Así, desarrollé el bot de automatización, que me permitió realizar las pruebas de una manera más eficiente y precisa.

De QA pasé a ser el líder de automatización, liderando un equipo de seis QA manuales que fueron re-entrenados para utilizar mi plataforma. Este cambio me permitió aplicar mis habilidades de liderazgo en un nuevo contexto y me dio la oportunidad de influir en la forma en que se realizaban las pruebas de calidad en FOX. Posteriormente, me pasaron al equipo de DevOps interno de streaming, encargado de mantener y mejorar el bot para toda la organización, desarrollando plugins para diferentes plataformas como Roku, Google TV y Apple TV.

Trabajar para una empresa de entretenimiento fue una de las mejores etapas de mi vida. Más allá de no estar mejorando el planeta directamente, creo que entretener es algo fundamental en la vida de las personas. Tenemos solo 24 horas por día: 8 las pasamos durmiendo y 8 trabajando. Esas 8 horas restantes las repartimos entre familia y entretenimiento, y es superimportante que ese entretenimiento sea de calidad para ayudar a la gente a distenderse y poder seguir con su vida. Personalmente, como cinéfilo, fue una etapa fantástica, especialmente para alguien que no se pierde un capítulo de Los Simpsons.

La etapa de QA fue también fundamental en mi carrera. Hoy en día, soy mucho más observador. Cada vez que armo un formulario, pregunto el "para qué" varias veces para entender qué estamos haciendo. Muchas validaciones y testeos de cada campo antes de salir a producción me hicieron más meticuloso. La experiencia también me enseñó a trabajar en un entorno corporativo grande y estructurado, donde la coordinación y la comunicación eran clave para el éxito de cualquier proyecto. Incluso después de dejar la empresa, la llamada para ayudar a restablecer el servicio durante un cambio de servidores fue un recordatorio del impacto duradero que nuestro trabajo puede tener.

Reflexionando sobre mi paso por FOX, es evidente que esta experiencia fue crucial tanto para mi desarrollo profesional como personal. Me ayudó a perfeccionar mis habilidades técnicas y de liderazgo, y me preparó para enfrentar desafíos aún mayores en mi carrera. Trabajar allí solidificó mi amor por la tecnología y el entretenimiento, y me dejó una valiosa lección sobre la importancia de la curiosidad y la disposición para adaptarse y aprender en cualquier circunstancia.

5

RELOCK: EL DESAFÍO DE EMPRENDER DE NUEVO

La semilla de Relock germinó en un terreno fértil de transición y reflexión, justo cuando dejaba atrás mi etapa en FOX. En compañía de Damo, un viejo amigo del club, nos sumergimos en la observación de una tendencia emergente que nos pareció fascinante: la omnipresencia de los smartphones.

Hoy con el diário del lunes podriamos obviarlo pero corría el año 2013, y nos asombraba el dato de que la persona promedio consultaba su celular unas 150 veces al día. Desde nuestra perspectiva, la pantalla de bloqueo representaba un lienzo en blanco, un espacio publicitario aún por explotar, potencialmente más lucrativo que los tradicionales carteles publicitarios urbanos.

El viaje de Relock desde una idea hasta un prototipo funcional implicó enfrentar nuestra primera gran barrera: ninguno de nosotros poseía experiencia en el desarrollo de aplicaciones móviles. Este desafío me llevó a contratar a un desarrollador, una decisión que trascendió la mera colaboración en el MVP; fue una oportunidad de aprendizaje en el arte del desarrollo de apps. Esta experiencia inicial subrayó una lección valiosa sobre la importancia de la humildad y la colaboración en el emprendimiento.

Con nuestro prototipo listo, el foco se trasladó a ganar tracción y validar nuestra visión en el mercado. Participamos en programas de emprendimiento como BA Emprende, donde la mentoría y el consejo de figuras clave en el ecosistema emprendedor se convirtieron en una fuente inestimable de aprendizaje y orientación. Aprendimos a afinar nuestro modelo de negocio y a definir estrategias de mercado. La idea de compartir ganancias con nuestros usuarios nació de una analogía cotidiana pero poderosa: si un cartel publicitario en el jardín de mis padres podía generar ingresos, ¿por qué no la pantalla de un smartphone?

La oportunidad de participar en una competencia organizada por Techstars fue un punto de inflexión para nosotros. Aunque no ganamos un premio monetario, el reconocimiento y los elogios que recibimos validaron nuestra idea y nos motivaron a seguir adelante. Este evento marcó el inicio de nuestra decisión de presentar Relock al mundo, un paso audaz hacia la realización de nuestro sueño emprendedor.

Inspirados por este impulso inicial, aplicamos y fuimos seleccionados para un programa de aceleración en Ensenada, México. La expectativa de apoyo y recursos fue el empujón que necesitábamos para dedicarnos de lleno a Relock. Sin embargo, esta aventura nos llevaría por un camino lleno de desafíos inesperados. La prometida inversión y apoyo nunca se concretaron, dejándonos en una situación precaria y lecciones difíciles sobre la importancia de la diligencia y la confiabilidad en el ámbito emprendedor.

Este período en México, aunque marcado por la adversidad, se convirtió en una invaluable lección de vida. Relock fue más que un proyecto; fue una escuela que me enseñó sobre la humildad, la perseverancia, y sobre todo, la importancia de resolver problemas reales para los usuarios. La experiencia consolidó mi comprensión de que el éxito emprendedor radica en ofrecer soluciones genuinas y valiosas, más allá de la innovación por sí misma.

A lo largo de este viaje con Relock, enfrentamos numerosos desafíos, desde la concepción técnica hasta la búsqueda de financiamiento, cada uno presentando una oportunidad única para el crecimiento y el aprendizaje. La transición de un prototipo a un producto viable implicó no solo superar barreras tecnológicas, sino también comprender profundamente las dinámicas del mercado y los comportamientos de los usuarios. Nuestros esfuerzos para ganar tracción y validar el concepto nos llevaron por un camino lleno de ensayos y errores, donde cada feedback de usuario, cada interacción con potenciales inversores y cada presentación en eventos de emprendimiento, como el que organizaba Techstars, se convirtió en una pieza fundamental de este complejo rompecabezas emprendedor. La selección para el programa de aceleración en Ensenada prometía ser el impulso definitivo que necesitábamos, pero en cambio, se transformó en una prueba de nuestra determinación y nuestra capacidad para adaptarnos y perseverar ante la adversidad.

La experiencia en México, lejos de ser un simple contratiempo, fue una revelación sobre la naturaleza del emprendimiento: es un viaje donde la incertidumbre es la única constante y la capacidad de pivotar, de reinventarse frente a los obstáculos, es indispensable. Este episodio, marcado por la desilusión, nos enseñó a cuestionar y validar cada promesa y cada oportunidad con un escepticismo saludable, a no dar por sentado el apoyo hasta que se materializase de forma tangible. A pesar de estos retos, Relock se mantuvo como un testimonio de innovación, de la voluntad de imaginar un mundo donde la tecnología y la vida cotidiana se entrelazan de maneras nuevas y emocionantes.

Reflexionando sobre el camino recorrido con Relock, reconozco que cada momento de incertidumbre, cada desafío superado, contribuyó a mi crecimiento no solo como emprendedor, sino también como individuo. La resiliencia, la adaptabilidad y la persistencia se convirtieron en pilares de mi enfoque hacia el emprendimiento y la vida. Estas lecciones, aprendidas en el fragor del desarrollo de una startup, han sido invaluables, forjando en mí una convicción más profunda en la búsqueda de soluciones innovadoras a problemas reales. Relock, con todos sus altos y bajos, se convirtió en una parte integral de mi viaje, un capítulo que, aunque no culminó como esperábamos, dejó una marca indeleble en mi carrera y en mi visión del mundo tecnológico y emprendedor.

La aventura de Relock, marcada tanto por la promesa como por la pena, es un recordatorio poderoso de que el camino del emprendimiento está lleno de incertidumbre. Sin embargo, es precisamente esta incertidumbre la que nutre la innovación, empujándonos a explorar los límites de lo posible y a superar los límites de nuestra zona de confort. A través de Relock, aprendí que el verdadero éxito no se mide solo por el resultado final, sino por el viaje en sí: las habilidades adquiridas, las relaciones forjadas y las lecciones aprendidas en el camino. En última instancia, Relock reafirmó mi pasión por emprender y solidificó mi compromiso con el emprendimiento tecnológico, preparándome para futuras aventuras con una perspectiva más madura y una determinación renovada.

6

EDUCACIÓN Y ACELERACIÓN: APRENDIZAJES CLAVE

Mi pasión por el aprendizaje y la educación continua no surgió de un solo momento revelador, sino de un conjunto de enseñanzas y experiencias a lo largo de mi vida. Recuerdo claramente a mi madre diciéndome que invertir en uno mismo es la manera de crecer. Me lo decía en diversos contextos, como cuando me sugería cortarme el pelo, comprar ropa "seria" o adquirir una mejor computadora para trabajar. Ella siempre enfatizaba la importancia de reservar parte de lo que logramos trabajando para nosotros mismos, para nuestro crecimiento personal y profesional. Ya sea mejorando como desarrollador, gamer o carpintero, la clave era invertir en lo que utilizamos para trabajar: ropa, herramientas o nuestro cerebro.

Uno de los hitos más significativos en mi educación fue mi entrada a Draper University. La motivación surgió de un anuncio que vi gracias a mi amigo Martín. Podría haber sido una decisión arriesgada, ya que la universidad no era muy conocida en ese momento. Sin embargo, una vez dentro, me di cuenta de que realmente apuntaban a quienes deberían estar allí. Tim Draper, el fundador, nos daba tareas todas las semanas. Recuerdo que la semana previa al viaje nos dio el libro de su padre, William Draper III, y nos dijo que teníamos que leerlo porque nos tomaría un examen. Fue un viaje espectacular que narraba cómo su familia se convirtió en los primeros inversores privados de Estados Unidos.

En la segunda semana, Tim nos hizo escribir nuestro "bucket list", una tarea que considero fundamental en la vida de toda persona. Es algo que creo todos deberíamos tener: una lista de 100 cosas que queremos lograr antes de partir de este planeta. Los primeros 10 o 20 puntos pueden ser fáciles de escribir, pero llega un momento en que no sabes qué más quieres hacer, y ahí es donde surge lo más profundo, aquello que deseas pero no sabes cómo alcanzar. Es muy importante tener estos objetivos siempre a mano, anotados y siempre pensando en cómo mejorar en pos de esos objetivos planteados, cada paso que damos.

Esta tarea me recordó a un cliente que tuve tiempo atrás. Siempre llevaba un cheque en su billetera, y un día me contó que había visto una charla TED y quiso imitarla. Escribió un cheque de un millón de dólares al portador, para poder sacarlo del banco en el año 2030. Se puso como objetivo lograr esa suma en 20 años. Hoy, llegando a la recta final, ya ha alcanzado ese monto y lo ha multiplicado. ¿Por qué? Porque su objetivo fue claro, y cada paso que daba se preguntaba si realmente lo acercaba a ese objetivo. Así es como hay que vivir: disfrutando la vida, pero siempre pensando si lo que hacemos nos acerca a nuestro objetivo.

Otro aspecto significativo de mi tiempo en Draper University fue el "pledge", un compromiso que todos los estudiantes asumimos. Aunque algunas partes pueden no resonar siempre, es importante revisarlo de vez en cuando porque muchas cosas se olvidan, como que nuestra marca personal es más importante que el producto que desarrollamos. No debemos manchar nuestro nombre, siempre debemos dar ejemplos positivos y recordar que fallar es algo normal. El "pledge" es una guía que reviso ocasionalmente para recordar la importancia de mantener una buena reputación y hábitos positivos.

Aquí está el "pledge" de Draper University en inglés y español:

The Pledge

- I will promote freedom at all costs.
- I will do everything in my power to drive, build and pursue progress and change.
- My brand, my network, and my reputation are paramount.
- I will set positive examples for others to emulate.
- I will instill good habits in myself. I will take care of myself.
- I will fail and fail again until I succeed.
- I will explore the world with gusto and enthusiasm.
- I will treat people well.
- I will make short-term sacrifices for long term success.
- I will pursue fairness, openness, health and fun with all that I encounter. Mostly fun.
- I will keep my word.
- I will try my best to make reparations for my digressions.

El compromiso

- Promoveré la libertad a toda costa.
- Haré todo lo posible por impulsar, construir y perseguir el progreso y el cambio.
- Mi marca, mi red y mi reputación son primordiales.
- Pondré ejemplos positivos para que otros los emulen.
- Instalaré buenos hábitos en mí mismo. Me cuidaré.
- Fracasaré y volveré a fracasar hasta que tenga éxito.
- Exploraré el mundo con gusto y entusiasmo.
- Trataré bien a las personas.
- Haré sacrificios a corto plazo para el éxito a largo plazo.
- Perseguiré la justicia, la apertura, la salud y la diversión con todos los que encuentre. Mayormente diversión.
- Mantendré mi palabra.
- Haré lo mejor que pueda para reparar mis errores.

Mi tiempo en Draper University no solo me enseñó valiosas lecciones sobre emprendimiento e innovación, sino que también me proporcionó una red de contactos y amigos que han sido invaluables en mi desarrollo profesional. La experiencia me preparó para enfrentar nuevos desafíos y me dio las herramientas necesarias para seguir creciendo y aprendiendo a lo largo de mi carrera.

7

ENVIOZAPP Y LA INNOVACIÓN EN LOGÍSTICA

Al regresar de Draper University, con la cabeza llena de ideas y un espíritu imbuido por el ethos emprendedor de Silicon Valley, me reuní con Ariel, un viejo amigo con ansias de incursionar en el mundo del emprendimiento. En un Burger King, le compartí una visión que había comenzado a gestarse en mi mente: revolucionar el servicio de última milla en Latinoamérica, un mercado aún dominado por procesos ineficientes y costosos.

La chispa se encendió cuando, por casualidad, un motoquero se encontraba en el mismo local. Su reacción inmediata ante nuestra idea fue la validación que necesitábamos: preguntó entusiasmado dónde podía descargar nuestra aún inexistente app. Así nació Enviozapp, con la promesa de simplificar y abaratar los servicios de entrega mediante una aplicación móvil.

Los primeros días fueron un torbellino de actividad. Desarrollamos un MVP en apenas dos meses, enfrentándonos al clásico dilema de qué priorizar: ¿captar primero a las motos o asegurar los clientes? Optamos por concentrarnos en las motos, y Pedro, nuestro entusiasta nuevo recluta, fue fundamental. Armado con panfletos y una pasión contagiosa, logró que 500 motociclistas se registraran en nuestra plataforma en solo una semana, un logro que demostraba el apetito del mercado por una solución como la nuestra.

Sin embargo, el éxito temprano trajo consigo desafíos inesperados. La intervención del sindicato A.Si.M.M marcó un punto de inflexión. En una tensa reunión con sus líderes, enfrentamos demandas que iban en contra de nuestro modelo de negocio basado en la flexibilidad y la independencia de los motoqueros. La atmósfera se cargó de amenazas veladas y, aunque no puedo confirmar la presencia de un arma sobre la mesa, el mensaje fue claro: estábamos desafiando el status quo de una manera que incomodaba a poderes establecidos.

La situación escaló cuando Pedro fue seguido hasta su casa por un grupo de motociclistas, una experiencia que lo llevó a renunciar por miedo a su seguridad. Ariel y yo nos vimos forzados a reevaluar nuestra estrategia. La decisión de colaborar con la CEMMARA permitió que Enviozapp continuara operando, aunque con un modelo modificado que implicaba costos más altos.

Este desafío nos empujó a pivotear hacia un modelo SaaS, ofreciendo nuestra tecnología a agencias de motos. Este enfoque no solo resolvió nuestro dilema con el sindicato sino que también abrió nuevas avenidas de crecimiento. Un año después, una empresa de correo tradicional se acercó para adquirir nuestro software, validando nuestra visión y esfuerzo.

Entre los episodios más desafiantes y reveladores de nuestra aventura con Enviozapp, uno en particular destaca: el descubrimiento de que nuestra innovadora idea había sido adoptada por un competidor. Este competidor, una empresa uruguaya que inicialmente ofrecía un directorio de restaurantes y sus números de teléfono, lanzó un modelo de negocio sorprendentemente similar al nuestro apenas un mes después de que les presentáramos nuestra propuesta en busca de inversión. Ver nuestra visión y modelo replicados por otra empresa fue un golpe duro, un recordatorio de la feroz competitividad del mercado y de la importancia de proteger nuestras ideas y estrategias.

Este episodio no solo puso a prueba nuestra resiliencia sino que también nos enseñó valiosas lecciones sobre la naturaleza del emprendimiento. Aprendimos la importancia de la discreción al compartir detalles de nuestra startup y la necesidad de moverse rápidamente para capitalizar las ideas antes de que otros vean y aprovechen la oportunidad. Más allá de la frustración inicial, este desafío reforzó nuestra determinación de innovar y adaptarnos, impulsándonos a buscar constantemente nuevas formas de diferenciarnos y de agregar valor a nuestros usuarios.

La experiencia de ver nuestra idea desarrollada por otro no disminuyó nuestro espíritu emprendedor; por el contrario, nos motivó a enfocarnos aún más en la ejecución y en la entrega de un servicio excepcional. Reconocimos que, en el mundo del emprendimiento, las ideas, aunque valiosas, son solo el punto de partida. La verdadera medida del éxito radica en la capacidad de ejecutar esas ideas de manera efectiva, construir un producto sólido y crear una relación duradera con los usuarios.

Mirando hacia atrás, la historia de Enviozapp es un testimonio de innovación, adaptabilidad y coraje ante la adversidad. Desde la concepción de la idea hasta el pivot hacia un modelo SaaS, y enfrentando la dura realidad de la competencia en el mercado, cada paso del camino estuvo lleno de aprendizajes cruciales. La experiencia nos enseñó que, más allá de la copia de una idea, lo que realmente construye una empresa exitosa es la visión, el equipo detrás de ella y su capacidad para superar obstáculos y adaptarse a las cambiantes dinámicas del mercado.

Enviozapp, aunque enfrentó desafíos formidables, fue una piedra angular en mi desarrollo como emprendedor. Me equipó con una comprensión más profunda del paisaje empresarial, reforzó la importancia de la agilidad empresarial y me preparó para los futuros desafíos. La travesía de Enviozapp es una prueba de que, en el emprendimiento, la perseverancia, la adaptación y el enfoque en la misión pueden convertir incluso los momentos más difíciles en oportunidades para crecer y evolucionar.

8

DFS GROUP: ENCONTRANDO PROPÓSITO MÁS ALLÁ DEL ÉXITO FINANCIERO

En marzo de 2020, comencé a trabajar con DFS Group, una empresa líder en duty-free con presencia en los aeropuertos más importantes del Pacífico, como Los Ángeles, Hawái, Hong Kong, entre otros. Mi rol era desarrollar tiendas de comercio electrónico para contrarrestar la caída de ingresos causada por el confinamiento global del Covid-19.

El desafío era enorme: DFS quería implementar ventas sin que los clientes tuvieran que salir de su país o pasar por migraciones. Una vez el visto bueno por los países y ciudades donde esto funcionaría me encargué de desarrollar 10 tiendas todas diferentes esteticas, distintos lenguajes y culturas. Participé en lanzar campañas de venta únicas, como flash sales, que requerían preparación técnica para soportar millones de usuarios en cortos periodos de tiempo.
Estas ventas generaban cientos de millones de dolares por semana en facturación.

A pesar del éxito financiero y el desafío técnico que representaba este proyecto, con el tiempo empecé a sentir una creciente insatisfacción. La empresa generaba millones vendiendo productos de lujo, pero yo, a pesar de recibir un buen salario, sentía un vacío emocional. Esta experiencia me llevó a cuestionar mi enfoque profesional y a darme cuenta de que el dinero, aunque importante, no es suficiente si el trabajo que realizo no está alineado con una misión que me apasione.

Este momento de introspección marcó un punto de inflexión en mi carrera. Entendí que debemos buscar oportunidades que no solo aprovechen nuestras habilidades técnicas, sino que también resuenen con nuestros valores personales y profesionales. Trabajar en DFS Group fue una experiencia formativa, enseñándome la importancia de encontrar propósito y pasión en mi trabajo, más allá de la compensación económica.

A través de esta vivencia, aprendí la importancia de alinear mis esfuerzos con proyectos que tengan un impacto positivo y significativo. Esta lección ha guiado mis decisiones profesionales desde entonces, impulsándome a buscar roles y proyectos donde pueda contribuir a algo más grande que los beneficios financieros, donde la tecnología y la innovación se encuentren con la misión personal y el deseo de hacer una diferencia en el mundo.

9

UN GIRO HACIA LA SEGURIDAD: TRMLABS

Al regresar de mi experiencia en DFS Group, con un deseo reno-
vado de alinear mi trabajo con una misión más significativa, encontré la oportunidad perfecta en TRMLabs. Esta empresa,
destacada por Y Combinator y especializada en criptoseguridad,
se dedicaba a combatir las amenazas digitales y proteger a las
comunidades en línea de actores malintencionados. Al incorpo-
rarme a TRMLabs como el empleado número 15, en un equipo
que eventualmente creció a 250, comencé un viaje transformador.

En TRMLabs, mi rol evolucionó de desarrollar herramientas in-
ternas a liderar un equipo encargado de crear y dar soporte a
más de 15 herramientas distintas. Esta experiencia no solo re-
flejó el dinamismo de la empresa sino también el vertiginoso
campo de la seguridad cibernética, donde la innovación y
adaptación son constantes.

Trabajando en TRMLabs, tuve la oportunidad de colaborar directamente con profesionales de agencias de renombre como el FBI,
CIA, DEA, Interpol y el Servicio Secreto. La colaboración con estas
agencias y el trabajo junto a exdirectores de entidades guberna-
mentales proporcionaron una comprensión profunda de la seguridad cibernética y su importancia para la sociedad.

Uno de los logros más destacados de mi carrera fue ser invitado
individualmente por la Organización de los Estados Americanos

(OEA) para dar una charla sobre cómo los terroristas utilizan las criptomonedas para financiarse. Este reconocimiento no solo elevó mi perfil profesional sino que también subrayó la importancia del trabajo que estábamos realizando en TRMLabs. Presentar ante un organismo tan prestigioso fue un honor y reafirmó el valor de nuestra misión en la lucha global contra el crimen cibernético.

Mi experiencia en TRMLabs me enseñó la importancia de la vigilancia, la innovación y la colaboración interdisciplinaria en la protección contra amenazas cibernéticas. Aplicar mis habilidades para desarrollar soluciones que tuvieran un impacto real en la seguridad en línea fue increíblemente gratificante. Esta etapa no solo representó un desafío técnico, sino también un compromiso ético, reforzando mi deseo de contribuir a un bien mayor.

Reflexionando sobre mi paso por TRMLabs, es evidente que esta experiencia fue crucial tanto para mi desarrollo profesional como personal. Trabajar allí solidificó mi compromiso con la búsqueda de oportunidades donde pueda utilizar la tecnología para hacer una diferencia significativa en el mundo, protegiendo a personas y comunidades en el complejo y conectado espacio digital de hoy.

10

MI LLEGADA A VOLT HOME

Mi llegada a Volt Home tiene sus raíces en una conexión personal de larga data. Alex, ahora CEO de la mayor empresa de venta y colocación de paneles solares en el sur de la Florida, y yo nos conocimos hace más de diez años a través de nuestro amigo Martín, durante una reunión casual para tomar unas cervezas. Éramos un grupo de cuatro jóvenes adultos emprendedores con altas ambiciones, siempre buscando cambiar el mundo. Recuerdo especialmente en 2017, cuando participamos en la hackathon del Banco Galicia con nuestro proyecto Rentapp. Aunque no ganamos, la experiencia consolidó nuestra amistad y nuestro espíritu emprendedor.

A lo largo de los años, aunque nuestras trayectorias individuales nos llevaron por diferentes caminos, siempre mantuvimos el contacto. Siempre estuve dispuesto a ayudar a mis amigos con cualquier necesidad técnica que surgiera. Así fue como, cuando Alex fundó SolarLatam, participé revisando el código de las empresas contratadas para desarrollar sus sistemas y páginas web. Aunque inicialmente no había una posición para un CTO, mi involucramiento creció con el tiempo.
Iniciando un nuevo camino

En 2023, decidido a emprender un nuevo camino, recibí la llamada de Alex. Me dijo que la empresa estaba lista para dar el siguiente paso y necesitaban un CTO. Fue un desafío emocionante: desde el día uno, no solo debía desarrollar una aplicación propia para la empresa, sino también cubrir múltiples deficiencias en seguridad informática y reporting. Mi enfoque fue claro desde el principio: contratar a los mejores, planificar para el futuro y no solo tapar baches momentáneos.

SolarLatam pasó a ser VoltSolarEnergy y eventualmente se convirtió en Volt Home. Este cambio no fue solo una cuestión de rebranding; implicó una migración completa que incluyó dominios, correos electrónicos y herramientas de comunicación. Cambiar el nombre de una empresa no es tan sencillo como cambiar el logo. Requiere un esfuerzo coordinado y una planificación meticulosa.

Una de las particularidades de Volt Home es su cultura empresarial. La empresa se siente como una familia. La comunicación es abierta y respetuosa, pero también informal y amigable. Este ambiente permite que todos se sientan cómodos al hablar con sus colegas y jefes. Creo firmemente que un entorno de trabajo donde los empleados se sientan cómodos es clave para su desarrollo y permanencia a largo plazo.

En Volt Home, hemos implementado numerosas herramientas para fortalecer la empresa desde adentro y desde afuera. Hemos desarrollado sistemas de seguridad informática robustos, incluido bóvedas de claves, y últimamente, hemos estado trabajando en sistemas de inteligencia artificial para optimizar procesos internos. Estas innovaciones no solo han mejorado la seguridad y la eficiencia, sino que también han preparado a Volt Home para enfrentar los desafíos futuros con confianza.

Mi viaje en Volt Home ha sido una mezcla de desafíos y logros. Desde formar un equipo de alta gama hasta implementar innovaciones tecnológicas, cada paso ha sido una oportunidad para aprender y crecer. La cultura familiar y abierta de Volt Home ha sido fundamental para mi éxito en este rol. Espero que mi experiencia inspire a otros líderes tecnológicos a buscar no solo la excelencia técnica, sino también un ambiente de trabajo donde todos puedan prosperar.

11

CÓMO INICIAR EN EL MUNDO DE LA PROGRAMACIÓN

Para aquellos interesados en aprender a ser un CTO, tener conocimientos técnicos es fundamental. No necesitas ser un experto desde el principio, pero sí es crucial entender cómo funciona un lenguaje de programación. La buena noticia es que existen múltiples caminos para adquirir estas habilidades: aprender por cuenta propia, mediante videos, o inscribiéndote en academias.

Personalmente, soy partidario de ir directamente a la práctica. Ya sea a través de cursos en línea que incentiven la realización de ejercicios prácticos o sumergiéndote en proyectos open source donde puedas colaborar, la experiencia directa en programación es invaluable.

Estrategias para aprender a programar

● Cursos en línea y tutoriales: Plataformas como Coursera, edX, Udacity, y Khan Academy ofrecen cursos gratuitos y de pago en una variedad de lenguajes de programación. Algunos cursos recomendados son:

○ CS50's Introduction to Computer Science de Harvard University en edX.
○ Programming for Everybody (Getting Started with Python) de la Universidad de Michigan en Coursera.

- Proyectos personales: Aplicar lo que aprendes en proyectos reales es una de las mejores maneras de consolidar tus conocimientos. Piensa en una pequeña aplicación que te gustaría construir y trabaja en ella desde cero.
- Contribuir a proyectos Open Source: Participar en la comunidad Open Source no solo te da experiencia práctica, sino que también te conecta con otros desarrolladores que pueden ofrecerte orientación y feedback.
- Bootcamps: Los bootcamps de programación son intensivos y están diseñados para enseñar habilidades de desarrollo en un corto período. Algunos de los más conocidos son SoyHenry, General Assembly, Le Wagon, y Ironhack.
- Hackathons y competencias: Participar en hackathons es una excelente manera de aprender rápidamente, colaborar con otros desarrolladores y ganar experiencia en resolver problemas reales bajo presión.

Consejos prácticos para desarrolladores Principiantes

- Explora diversos lenguajes: No te limites a un solo lenguaje de programación. Aprende los fundamentos de varios lenguajes (Python, JavaScript, Java, etc.) para tener una visión más amplia y adaptable.
- Practica regularmente: La programación es una habilidad que mejora con la práctica constante. Dedica tiempo cada día o semana a escribir código.
- Únete a comunidades: Participa en foros como Stack Overflow, Reddit, o comunidades locales de programadores. Estos

lugares son excelentes para hacer preguntas, encontrar apoyo y aprender de las experiencias de otros.

● Desarrolla buenas prácticas: Desde el principio, enfócate en escribir un código limpio y bien documentado. Esto no solo facilita el mantenimiento de tu código, sino que también te prepara para trabajar en entornos profesionales.

● Lee código de otros: Estudiar el código escrito por otros desarrolladores te dará nuevas perspectivas y técnicas que puedes aplicar en tus propios proyectos.

El "Job Jumping" para estratega ampliar tu experiencia

Una estrategia que recomiendo enfáticamente es el "job jumping" durante los primeros cinco años de tu carrera, cambiando de trabajo aproximadamente cada año. Esta táctica no solo te expone a diversos lenguajes de programación y metodologías de trabajo, sino que también te brinda una visión amplia de cómo diferentes equipos abordan los desafíos de desarrollo. Cada cambio de empleo es una oportunidad para aportar algo único al nuevo equipo, basado en tus experiencias previas. Además, esta variedad en tu carrera te permite explorar distintas industrias, desde ecommerce hasta fintech y agrotech, ayudándote a descubrir qué te apasiona realmente.

Lo importante durante este proceso es recordar que tu objetivo no es convertirte en el mejor programador del lugar, sino en la persona que más aprende. La capacidad para absorber nuevas habilidades, adaptarte a diferentes entornos y aplicar tus aprendizajes de una industria a otra es lo que, eventualmente, te preparará para el liderazgo tecnológico. Ser CTO implica una comprensión holística de la tecnología y cómo esta se aplica para resolver problemas reales en diversas áreas del negocio. Por lo tanto, esta diversidad en tu experiencia temprana no solo enriquecerá tu perfil técnico, sino que también desarrollará tu visión estratégica y tu habilidad para liderar equipos hacia la innovación y el éxito.

El camino hacia convertirse en CTO comienza con una sólida base técnica, complementada por una exploración amplia y variada de roles, industrias y tecnologías. Esta ruta no está exenta de desafíos, pero cada experiencia es una pieza que contribuye a construir el conjunto de habilidades y la perspectiva necesarias para liderar en el ámbito tecnológico.

Recuerda: la meta no es saberlo todo desde el inicio, sino estar siempre dispuesto a aprender, adaptar y aplicar esos conocimientos para impulsar la innovación y el crecimiento.

12

EL ARTE DEL LIDERAZGO TECNOLÓGICO

Ser líder en el ámbito tecnológico va mucho más allá de poseer habilidades avanzadas en programación. Un equipo tecnológico está compuesto por una variedad de roles, cada uno crucial para el éxito del proyecto: programadores, diseñadores, QA (Quality Assurance), DevOps, testers, entre otros. Para liderar con efectividad, es fundamental no solo saber un poco de todo, sino también comprender en concepto e idealmente en la práctica, qué implica cada uno de estos roles.

Habilidades clave para ser un líder tecnológico

Comunicación efectiva: Un buen líder tecnológico debe ser capaz de comunicar ideas complejas de manera clara y concisa. Esto incluye tanto la comunicación técnica con el equipo de desarrollo como la traducción de estos conceptos para los stakeholders no técnicos.

Visión estratégica: Debes ser capaz de ver el panorama completo y alinear los esfuerzos del equipo con los objetivos generales de la empresa. Esto implica tener una comprensión clara de las metas a largo plazo y cómo la tecnología puede ayudar a alcanzarlas.

Gestión de proyectos: Conocer metodologías ágiles como Scrum o Kanban y ser capaz de implementarlas efectivamente para gestionar proyectos es crucial. Estas metodologías ayudan a mantener el enfoque, la productividad y la calidad del trabajo.

Mentoría y desarrollo de talento: Un buen líder no solo dirige, sino que también inspira y desarrolla a su equipo. Esto incluye brindar feedback constructivo, identificar oportunidades de crecimiento y fomentar un ambiente de aprendizaje continuo.

Adaptabilidad y aprendizaje continuo: El mundo tecnológico cambia rápidamente, por lo que un líder debe estar dispuesto a aprender y adaptarse constantemente. Esto puede incluir nuevas tecnologías, lenguajes de programación o tendencias en la industria.

Construcción de equipos efectivos

Diversidad de habilidades: Asegúrate de que tu equipo tenga una amplia gama de habilidades técnicas y no técnicas. Esto incluye programadores, diseñadores, especialistas en seguridad, analistas de datos, y más. Cada miembro debe complementar a los demás.

Cultura de colaboración: Fomenta un ambiente donde la colaboración y el trabajo en equipo sean la norma. Esto puede incluir reuniones regulares de brainstorming, revisiones de código entre pares y actividades de team-building.

Claridad de roles y responsabilidades: Cada miembro del equipo debe tener claras sus responsabilidades y cómo su trabajo contribuye al objetivo final. Esto no solo mejora la eficiencia sino que también reduce la posibilidad de conflictos internos.

Feedback y reconocimiento: Implementa sistemas de feedback regular y reconocimiento para mantener al equipo motivado y alineado. Reconocer los logros y brindar feedback constructivo es vital para el crecimiento individual y colectivo.

Balance entre autonomía y supervisión: Encuentra el equilibrio adecuado entre dar autonomía a los miembros del equipo para que tomen decisiones y proporcionar la supervisión necesaria para asegurarte de que el proyecto se mantenga en el camino correcto.

Casos de Estudio: ejemplos de liderazgo efectivo

Google's 20% Time: Google permite a sus empleados dedicar el 20% de su tiempo a proyectos que les apasionen. Esto no solo fomenta la innovación sino que también ha resultado en productos exitosos como Gmail y Google News.

Spotify's Squad Model: Spotify organiza sus equipos en pequeños "squads" que funcionan de manera autónoma pero alineada con los objetivos de la empresa. Cada squad tiene la libertad de decidir cómo abordar sus tareas, lo que ha llevado a una mayor eficiencia e innovación.

Netflix's Culture of Freedom and Responsibility: Netflix ha sido conocida por su cultura corporativa que promueve la libertad y la responsabilidad. Reed Hastings, el cofundador y CEO de Netflix, ha implementado una política que permite a los empleados tomar decisiones importantes sin la necesidad de aprobación constante de sus superiores.

El liderazgo en tecnología no se trata solo de ser un experto en un área, sino de comprender la función y el valor de diversos roles tecnológicos y cómo estos se combinan para alcanzar objetivos comunes. Es sobre cultivar un entorno donde la colaboración, la innovación y la excelencia técnica prosperen, guiando a tu equipo a través de los desafíos con una visión clara y un compromiso constante con el crecimiento y el aprendizaje.

13

LA REALIDAD SOBRE LAS STARTUPS

Al adentrarnos en el mundo de las startups, es crucial desmitificar la glamorosa imagen que a menudo se presenta en medios y redes sociales. La realidad del emprendimiento está lejos de ser un camino adornado de éxito instantáneo y riquezas inmediatas. Ser emprendedor es, sin duda, una de las rutas profesionales más desafiantes que uno puede elegir.

Desafíos comunes en el emprendimiento

- Inseguridad financiera: Una de las mayores dificultades es la falta de estabilidad financiera. A menudo, los emprendedores deben invertir sus ahorros y asumir riesgos económicos significativos antes de ver retornos. La búsqueda de financiamiento puede ser ardua y requiere persistencia.
- Carga de trabajo intensa: Emprender no es un trabajo de 9 a 18. Requiere dedicación casi total, con jornadas largas y sacrificios personales. Esto puede llevar al agotamiento si no se manejan bien los tiempos y las expectativas.
- Competencia y saturación del mercado: El mercado está saturado de nuevas ideas y productos. Destacar entre millones de aplicaciones y startups requiere una propuesta de valor única y una ejecución impecable.
- Gestión del equipo: Formar y mantener un equipo cohesionado y motivado es uno de los mayores retos. Los conflictos

internos, la rotación de personal y la alineación de objetivos son problemas comunes.

● Adaptabilidad y resiliencia: Las startups deben ser extremadamente flexibles y capaces de pivotar rápidamente en respuesta a feedback del mercado o cambios en el entorno económico.

Estrategias para superar los desafíos

● Planificación financiera: Desarrolla un plan financiero sólido que incluya un presupuesto detallado, proyecciones de flujo de caja y estrategias para la recaudación de fondos. Considera múltiples fuentes de financiamiento, como capital de riesgo, crowdfunding y préstamos.

● Equilibrio entre vida personal y profesional: Aunque es difícil, intenta mantener un equilibrio saludable entre el trabajo y la vida personal. Establece límites claros y dedica tiempo para descansar y recargar energías.

● Diferenciación de producto: Enfócate en lo que hace único a tu producto o servicio. Realiza estudios de mercado para entender mejor a tus competidores y encontrar nichos desatendidos o problemas sin resolver.

● Construcción de una cultura de empresa fuerte: Fomenta una cultura positiva y abierta. La transparencia, la comunicación efectiva y el reconocimiento del esfuerzo son clave para mantener al equipo motivado y alineado con la visión de la empresa.

• Aprendizaje y adaptación continuos: Mantente al día con las tendencias del mercado y está dispuesto a aprender y adaptarte. No te apegues demasiado a una idea o estrategia específica; la flexibilidad es crucial para el éxito a largo plazo.

Casos de éxito y fracaso

Slack: Originalmente concebido como una herramienta de comunicación interna para un equipo de desarrollo de videojuegos, Slack pivoteó hacia convertirse en una plataforma de mensajería para empresas. Hoy en día, es una de las herramientas más utilizadas en el mundo empresarial.

Quibi: A pesar de recaudar casi $2 mil millones en financiamiento, esta plataforma de streaming de video de formato corto cerró sus puertas menos de un año después de su lanzamiento. La falta de comprensión del mercado y la rigidez en su modelo de negocio fueron factores clave en su fracaso.

Twitter/X: Odeo comenzó como una plataforma de podcasting en 2005. Cuando Apple lanzó iTunes con soporte para podcasts, Odeo se dio cuenta de que no podría competir. En lugar de rendirse, los fundadores y el equipo de Odeo se reunieron para explorar nuevas ideas. De estas sesiones de brainstorming surgió Twitter, una plataforma de microblogging que revolucionaría la comunicación en línea. El pivot hacia Twitter fue un éxito fenomenal, transformando una empresa en dificultades en una de las redes sociales más influyentes del mundo.

Instagram: Burbn fue una aplicación móvil que combinaba elementos de check-ins, planificación de reuniones y compartir fotos, similar a Foursquare. Sin embargo, los fundadores Kevin Systrom y Mike Krieger notaron que la función de compartir fotos era la más utilizada por los usuarios. En 2010, decidieron simplificar la aplicación, eliminando todas las características excepto el compartir fotos. Así nació Instagram, una red social centrada en la fotografía que fue adquirida por Facebook por mil millones de dólares en 2012, menos de dos años después de su lanzamiento.

Fab.com comenzó como un sitio de social networking llamado Fabulis para la comunidad LGBTQ+. En 2011, la empresa pivotó hacia el comercio electrónico, vendiendo productos de diseño a través de una plataforma de ventas flash. Fab.com creció rápidamente y recaudó más de $300 millones en financiamiento, alcanzando una valoración de mil millones de dólares. Sin embargo, la expansión agresiva y la falta de una estrategia clara llevaron a problemas financieros. Eventualmente, la empresa se vendió por una fracción de su valor máximo, y su modelo de negocio no logró sostenerse a largo plazo.

Myspace fue una de las primeras redes sociales en alcanzar un éxito masivo, siendo la plataforma dominante a mediados de la década de 2000. Fue adquirida por News Corporation en 2005 por $580 millones. Sin embargo, la falta de innovación y una mala gestión llevaron a una rápida declinación cuando Facebook empezó a ganar popularidad. A pesar de varios intentos de reestructuración y cambios en la dirección, Myspace no pudo recuperar su posición y eventualmente se vendió por una fracción de su valor inicial.

El camino del emprendimiento es arduo y lleno de desafíos. Sin embargo, con una planificación cuidadosa, una ejecución sólida y una capacidad constante de aprendizaje y adaptación, es posible superar estos obstáculos y construir una startup exitosa. La clave está en mantenerse enfocado en resolver problemas reales y en crear un valor tangible para los clientes.

14

CONCLUSIONES

Muchas gracias por llegar hasta aquí y por permitirme compartir contigo estas verdades fundamentales que he encontrado esenciales a lo largo de mi viaje por el fascinante mundo de la tecnología y el emprendimiento. Estas son las piedras angulares sobre las cuales he construido mi carrera y sobre las que creo firmemente que cualquier aspirante a CTO, emprendedor o profesional del ámbito tecnológico puede apoyarse para forjar su propio camino hacia el éxito y la realización personal.

El propósito de un CTO va mucho más allá de simplemente gestionar la tecnología de una empresa. Un verdadero CTO debe ser un visionario capaz de alinear las capacidades tecnológicas con los objetivos estratégicos de la organización. Debe ser un líder inspirador que fomente la innovación, se asegure de que la infraestructura tecnológica esté preparada para enfrentar los desafíos del futuro y guíe a su equipo hacia el desarrollo de soluciones creativas y eficientes que impulsen el crecimiento y la competitividad de la empresa.

Para lograr esto, un CTO debe tener la capacidad de ver el panorama general, anticipar las tendencias tecnológicas y adaptar las estrategias de la empresa en consecuencia. Esto implica no solo una comprensión profunda y actualizada de la tecnología, sino también una fuerte alineación con las metas y valores fundamentales de la organización. Un CTO efectivo debe ser capaz de comunicar claramente su visión y estrategia, tanto a su equipo técnico como a los líderes empresariales, y trabajar en estrecha colaboración con todas las áreas de la empresa para asegurar que la tecnología esté impulsando el éxito general de la organización.

Además de estas habilidades técnicas y estratégicas, un gran CTO también debe poseer fuertes habilidades de liderazgo y comunicación. Debe ser capaz de inspirar y motivar a su equipo, fomentar un ambiente de colaboración e innovación, y desarrollar y retener el talento tecnológico. También debe ser un comunicador efectivo, capaz de explicar conceptos técnicos complejos de manera clara y concisa a audiencias no técnicas, y de colaborar eficazmente con líderes de otras áreas de la empresa.

Es importante destacar que cerrar este libro no significa el fin de tu aprendizaje o tu crecimiento. Al contrario, espero que sea el comienzo o la continuación de tu apasionante aventura en el mundo de la tecnología, ahora armado con estas reflexiones que, aunque surgen de mi experiencia personal, espero que encuentres universales y aplicables en tu propia búsqueda de éxito y realización. Recuerda siempre que la pasión genuina por lo que haces, la humildad para crecer y aprender continuamente, la sabiduría para elegir bien tus batallas y compañeros de viaje, y la habilidad para ejecutar tus visiones con determinación y excelencia son los pilares fundamentales que sostendrán tu carrera y te guiarán hacia la realización de tus sueños más ambiciosos.

El camino del CTO y del emprendedor tecnológico no es fácil, pero es increíblemente gratificante. Requiere dedicación, perseverancia y una mentalidad de crecimiento constante. Pero con las herramientas y perspectivas adecuadas, como las que he compartido en este libro, estoy convencido de que tienes el poder de superar cualquier obstáculo, innovar más allá de los límites y crear un impacto duradero en el mundo a través de la tecnología.

Así que ve, abraza los desafíos, aprende de los fracasos, celebra los éxitos y, sobre todo, nunca dejes de perseguir tu pasión. El mundo necesita más líderes tecnológicos visionarios como tú, y estoy emocionado de ver los increíbles logros que alcanzarás en tu viaje. Recuerda, este no es el final, es solo el comienzo.

Este libro se terminó de imprimir
en Buenos Aires,
invierno de 2024.

www.ingramcontent.com/pod-product-compliance
Lightning Source LLC
Chambersburg PA
CBHW052336150726
47998CB00018B/2070